AF220161

Dieses Buch widme ich allen Menschen aus Deutschland und dem Orient!

"Niemand kommt zur Welt und hasst andere Menschen aufgrund ihrer Hautfarbe, Herkunft oder Religion. Der Mensch muss den Hass erst lernen, und wenn er lernen kann zu hassen, dann kann man ihn auch die Liebe lehren, denn die Liebe ist dem menschlichen Herzen natürlicher als ihr Gegenteil."

Nelson Mandela

© 2021, Moris Hanna
Herstellung und Verlag: BoD – Books on Demand, Norderstedt
ISBN: 9783754326909

INHALTSVERZEICHNIS

VORWORT

Wie kam ich darauf, das Buch zu schreiben? Es war eine Inspiration von einem Berater, den ich bei einer Weiterbildung kennengelernt hatte. Ich fragte ihn was er von diesem Buch halten würde, da in Europa und speziell Deutschland mal wieder viele Flüchtlinge ins Land kamen und noch kommen. Ich hatte das Glück, dass meine Eltern schon im Jahre 1990 hier in dieses wunderschöne Land eingereist sind und ich hatte die Möglichkeit, diese Integration selbst mitzuerleben und nun bin ich dankbar dafür, darüber ein Buch zu schreiben, das du nun in den Händen hältst. Es soll ein Impuls sein, wie Integration in einem fremden Land gelingen kann.

Es ist gedacht für alle Menschen mit Migrationshintergrund, für die Führungskräfte in Wirtschaftsunternehmen und für Sportvereinsmitglieder.

Mein „Warum" für dieses Buch ist es, Menschen zu helfen sich zu integrieren und die Schönheit und die Vorteile dieses wunderbaren Landes Deutschland zu sehen. Ein weiterer Punkt ist, ein Vorbild zu sein für die Menschen, die einen Migrationshintergrund haben und in Deutschland leben.

Ich wünsche nun viel Freude beim Lesen. ☺

Moris Hanna

KAPITEL 1
TYPISCH DEUTSCH, TYPISCH ORIENT

Ich fange an mit den typisch Deutschen Eigenschaften und dem Typischen aus dem Orient.
Hier ein Auszug von einem Bericht aus Focus, das viel Wahres beinhaltet:

1. Deutsche sind überpünktlich

Eines der beliebtesten Klischees. Wir meinen: kommt drauf an. Wenn es darum geht, als erster in der Kantine zu sein oder den Start einer neuen Serienstaffel nicht zu verpassen, mit Sicherheit. Doch bei anderen Terminen wie TÜV, Zahnarzt- oder Schwiegerelternbesuch sieht das schon anders aus. Pünktlichkeit hat eben auch hierzulande viel mit dem Belohnungsprinzip zu tun. Und da hat die Schwiegermutter eher schlechte Karten.

2. Deutsche sind super diszipliniert

Wer schon mal für ein Smartphone oder einen Kita-Platz angestanden hat, weiß, was Disziplin bedeutet. Man steht nämlich nicht nur rum, sondern muss sich auch noch mit anderen Leuten unterhalten. Wahrscheinlich ist es die Furcht vor dieser Art von
Smalltalk, die deutsche Fluggäste dazu veranlasst, direkt nach der Landung ruckartig in den Gang zu springen und den Sitznachbarn das Handgepäck in den Rücken zu rammen. Ausnahmen bestätigen eben die Regel. Auch bei der Disziplin.

3. Deutsche sind gewissenhaft

Gut, manche unserer lieben Mitmenschen nerven wirklich mit ihrer Erbsenzählerei. Doch Gewissenhaftigkeit ist eine echte Tugend. Das merkt man spätestens beim Gedanken an die – vielleicht – noch laufende Kaffeemaschine, während man selbst bereits seit Stunden Richtung Ferienort unterwegs ist. Wenn dann auf banges Nachfragen ein „Natürlich habe ich sie ausgemacht, wie immer." kommt, ist die Erleichterung kaum zu beschreiben.

4. Deutsche sind ordentlich

Man sollte es nicht glauben, aber gerade Männer sind sehr ordentlich, zum Beispiel sortieren sie Krawatten gerne nach Farben und Werkzeug nach Größe. Frauen versuchen sich derweil an ihren Schuhen, das klappt auch. Bis es soweit ist, dauert es aber viele Jahre, deshalb halten Eltern die Zimmer ihrer Kinder grundsätzlich vor den Augen von Besuchern verschlossen. Kleiner Trost: Die erste eigene Wohnung führt meist zur Spontanheilung.

5. Deutsche sind sportbegeistert

Das ist absolut korrekt – und gilt sowohl für die aktive als auch für die passive Teilnahme an sportlichen Veranstaltungen. Wobei auf dem Sofa sitzen und Mitfiebern ja eigentlich auch schon ein Sport für sich ist. Schließlich kostet es viel Energie und gezielten Körpereinsatz, um den Favoriten bis zum Schlusspfiff zu motivieren. Ganz gleich ob bei den Amateuren oder im Profilager: Ohne die Leidenschaft der Fans wäre Sport hierzulande nur halb so schön.

6. Deutsche sind reiselustig

Das ist kein Vorurteil, sondern eine Tatsache! Deutsche reisen gern und viel und manche werden sogar Astronaut, um ihre Reiselust zu stillen. Die sitzen dann in der Raumstation ISS und winken uns aus dem Orbit zu – Postkarten schreiben ist ja nicht drin. Doch ganz gleich, wo die Reise hingeht: Es gibt wohl nichts Schöneres, als wieder nach Hause zu kommen – das gilt für Heimkehrer aus Riccione ebenso wie für die aus dem All.

7. Deutsche sind experimentierfreudig

Bei Experimenten weiß man nie, was dabei herauskommt, das macht sie unkalkulierbar. Vor diesem Hintergrund neigen deutsche Urlauber (siehe Punkt 6) dazu, sich der Küche des Gastlandes zu verweigern und stattdessen auch in Alicante im Hofbräuhaus zu
speisen. Dabei ist Experimentierfreude typisch deutsch: Ohne den Wissensdurst deutscher Forscher und Ingenieure sähe die moderne Welt nicht so aus, wie wir sie kennen.

8. Deutsche sind technikaffin

Männer werden nicken, Frauen eher den Kopf schütteln – wobei sie das ebenfalls auf die Männer beziehen. Solange es um das Installieren von Apps und Software geht, sind die meisten Herren der Schöpfung hierzulande durchaus als technisch geschickt zu
bezeichnen. Das gilt auch für Auto & Co. – aber wehe, die lästige Hausarbeit ruft. Dann stehen große Fragezeichen auf seiner Stirn. Die Spülmaschine hat eine Starttaste? Wirklich?

9. Deutsche sind vereinsfreudig

Deutschland ist nicht nur das Land der Dichter und Denker, sondern auch das der Vereine. Hier findet jedes Hobby sein Zuhause – vom Schrebergärtnern bis zum Wandern. Vereinsmuffel mögen jetzt abwinken, dabei sind Vereine eine großartige Institution, denn sie schirmen ihre Mitglieder geschickt von der Umwelt ab und wirken
sich positiv auf den Familienfrieden aus. Außerdem tragen Vereine zur Vielfalt in unserer Gesellschaft bei - und das ist großartig.

10. Deutsche haben keinen Humor

Das tut weh, oder? Aber dieses Klischee ist eines der häufigsten, die man mit Deutschen in Zusammenhang bringt. Dabei ist unser Land doch ein einziger Comedy Club – manche Entertainer füller sogar ganze Stadien und stellen diesbezüglich Rekorde auf. Das soll uns mal einer nachmachen! Aber wie heißt es so schön: Humor ist, wenn man trotzdem lacht. Auch darüber, dass wir angeblich keinen besitzen.

Was mir hier noch fehlt ist die Nüchternheit, die für mich typisch Deutsch ist. Angela Merkel verkörpert dies für mich sehr. Aufgrund ihrer Nüchternheit ist Angela Merkel so beliebt und ist schon zum vierten Mal als Bundeskanzlerin gewählt bzw. bestätigt worden. Dies hatte nur Helmut Kohl vor ihr geschafft. Aufgrund dieser Nüchternheit und mit dieser beeindruckenden Kraft, die sie ausstrahlt steht sie für die Freiheit und den Frieden im heutigen Deutschland und Europa. Es ist kein Zufall, dass sie die mächtigste Frau des Westens und der Welt wurde. Das ist Nüchternheit. Das ist Selbstkontrolle. In allen Situationen einen klaren Kopf behalten, den man meiner Meinung nach braucht, um so lange Bundeskanzlerin zu sein und vor allem zu bleiben. Sie führt ein normales Privatleben und verzichtet auf Glanz, Glamour und Skandale. Natürlich ist auch sie nicht perfekt. Gerade am Ende ihrer Amtszeit hatte sie eine der schwersten Krisen zu bewältigen mit dem Coronavirus. Viele haben ihr Vorwürfe gemacht, dass sie nicht richtig entschieden hat und ihre Macht missbraucht hat. Zu beachten ist aber, dass diese Krise die ganze Welt befallen hatte und ich bezweifle, dass ein anderer Bundeskanzler bessere Entscheidungen in dieser Situation gefällt hätte.

KAPITEL 2
STÄRKEN UND SCHWÄCHEN DER DEUTSCHEN UND DES ORIENTS

Die Organisations- und Planungskunst der Deutschen. Die Deutschen sind sehr gut im Organisieren. Siehe die WM in Deutschland 2006. Diese war nahezu perfekt. Ein Franz Beckenbauer, der dies in die Hand genommen hat und ein Sommermärchen für unsere Erinnerungen gezaubert hat.

Für mich dreht sich im Leben vieles um Organisation, ob in der Wirtschaft oder im Privaten. Irgendwie muss doch alles organisiert werden. Ein Geschäftsführer hat bei einer SAP Einführung festgestellt, dass die SAP-Einführung ein Organisationsprojekt ist.

Als ich dies hörte, war mir klar, dass fast alles in der Wirtschaft sich um Organisation dreht. Es muss organisiert werden, wer den Wareneingang im Unternehmen leitet, es muss organisiert werden, wer die Kassen leitet, es muss organisiert werden, wer die Rechnungen schreibt und versendet, es muss organisiert werden, wer über die Zahlen herrscht, es muss organisiert werden, wer die Büros und das Geschäft reinigt, es muss organisiert werden, wer die Werbung erstellt ... Ich könnte hier auch tausend Beispiele nennen, sowohl im privaten als auch im beruflichen. Jeder einzelne Mensch ist dann in diesem großen Uhrwerk ein Teil von dieser Organisation.

Weitere Stärken der Deutschen: Der Umgang mit Geld. Sie sind stark in der Wirtschaft. Sie haben ein gutes Händchen. Investieren immer wieder in ihre Stärken und sind die Denker und Lenker. Die Arbeit gehört für die Deutschen dazu, wie die Muttermilch für das Baby. Für sie ist es normal zur Arbeit zu gehen und ihre Aufgabe zu erledigen. Weitere Stärke ist die Sachlichkeit und Emotionslosigkeit, was die Arbeit angeht. In diesem Wirtschaftsland sind Weltmarken entstanden, wie Daimler, BMW, Bosch, SAP, Lufthansa oder EDEKA, um die uns die ganze Welt beneidet und ich könnte hier noch viele andere Beispiele nennen. Mit den deutschen Tugenden und der deutschen Präzision. Das ist Qualität. Auf der ganzen Welt bekannt und geschätzt. Die Stärke ist hier auch, dass der Deutsche bei seiner Arbeit immer versucht das beste Ergebnis herauszuholen. Er hat eine Aufgabe und diese erledigt er, wie ihm angewiesen. Man könnte meinen, der Deutsche liebt sein Unternehmen wie seine Familie und vielleicht sogar etwas mehr. Somit liebt er seine Arbeit und ist damit loyal zu seinem Arbeitgeber und baut hier was Großes auf. Uli Hoeneß ist hier für mich ein Paradebeispiel. Er wurde mit 27 Jahren Manager beim FC Bayern München und das als Schwabe. Er liebte den Verein, als wäre es sein eigenes Kind. Nur so erbringt man so eine Leistung und hinterlässt so einen Verein mit einer Weltausstrahlung. Somit ist dem Deutschen Status und Geld sehr wichtig und spielt eine große Rolle in seinem Leben. Wie der Deutsche oder genauer der Schwabe schon sagt: „Schaffe schaffe, Häusle baue" ist hier sehr passend. Ich denke, das ist auch darauf zurückzuführen, dass nach dem Weltkrieg eine Aufbauarbeit geleistet wurde, die ihres gleichen sucht. Das ist meiner Meinung nach tief in den darauffolgenden Generationen verankert. Und somit wurde die Arbeit ein ganz wichtiger Faktor. Es ist selbstverständlich, 40 Stunden oder mehr in der Woche zu arbeiten und wenn man nach der Arbeit nach Hause kommt, geht das Ganze weiter. Gartenarbeit, Putzen, Sport... Es ist ein ständiges Hetzen von immer schneller und weiter. Anstatt einfach mal innezuhalten und zu sehen, was man schon alles erreicht hat. Das Leben zu genießen und dankbar für alles zu sein.

Der Deutsche treibt sich immer wieder zu Höchstleistungen an. Oft hat er große Angst, diesen Standard zu verlieren und tut alles dafür, um diesen zu erhalten. Was machen sie, wenn sie keine Schwäche zeigen dürfen. Dann schauspielern sie und tun so, als hätten sie keine Probleme.
Das Wirtschaftsland Deutschland. Krank sein gibt es hier nicht. Man muss immer funktionieren und man will funktionieren. Man will zeigen, wie stark man ist. Wenn man mal nicht funktioniert, dann geht man zum Arzt und fragt nach Medikamenten, so dass es weiter gehen kann. In Deutschland hat jeder vierte schon Antidepressiva genommen.
Burnout ist eine weit verbreitete Krankheit in unserer westlichen Welt. Hier darf man nicht krank sein und die Leute wollen nicht krank sein. Wenn dann jemand doch mal krank ist für eine längere Zeit, dann wird er oft ersetzt. Im Orient gibt es kein Antidepressiva, da das Gesundheitssystem dort nicht so weit ist, aber auch die Krankheit Burnout ist dort weniger verbreitet, hier findet jeder seine Position und der Mensch ist wie er ist. Hier macht er den Job mit Freude und Spaß und mit einer gewissen Ruhe, Entspanntheit und Klarheit und mit seinem Schicksal im Reinen. Dort ist der Druck aus dem

Umfeld nicht so hoch immer produktiver und schneller und besser sein zu müssen. Das Individuum ist sehr stark und wird in Deutschland sehr fokussiert. Es geht schon so los, dass sehr früh das Kind sein eigenes Zimmer bekommt und im eigenen Zimmer schläft. So wird es schon gezwungen, zu lernen allein zu sein und sich allein zu beschäftigen und auch selbstständiger zu agieren. Im Orient ist man sehr stark mit Geschwistern und Eltern verbunden und unternimmt hier auch sehr viel miteinander und löst die Probleme miteinander und zieht relativ spät aus dem Elternhaus aus. Ich möchte hier nicht bewerten was besser ist, da beides sein für und sein wider hat.

In der Zukunft werden nur die Unternehmen bestehen, die den Menschen sehen und wertschätzen. Ihn im Privaten kennen und auf seine Werte und Wünsche eingehen. Das fängt schon in kleinen Dingen an, wie zuhören und ernst nehmen und nicht nur aus der Wirtschaftssicht das Ganze betrachten, sondern aus Menschensicht. Ein Mensch ist nicht nur ein Wirtschaftssubjekt, nicht nur ein Human Resources, sondern auch ein intelligentes Lebewesen mit Gefühlen, eigenen Gedanken und einem Privatleben. Nur wenn es im Privaten stimmt und Harmonie herrscht, kann gute Leistung im Beruf erbracht werden. Beides hängt zusammen und voneinander ab. Ich selbst durfte das erleben und sehen, wie wichtig das Privatleben ist. Als ich mich von meiner Frau getrennt habe, bin ich in eine Sinnlosigkeit gefallen. Ich konnte mich nicht mehr motivieren und begeistern für meine Arbeit und trat dann schließlich ein Sabbaticaljahr an.

Die Deutschen sind ein sehr offenes Volk. Ich kenne kein offeneres Land, was natürlich dazu beiträgt, ist, dass die Deutschen das Reisen lieben. Nicht umsonst nennt man sie auch Reiseweltmeister. Sie reisen in weite und fremde Länder und bringen immer ein Stück neue Kultur und Mentalität in ihr eigenes Land. Das macht dieses Land so besonders und so großartig. Und trotzdem bleiben sie sich und ihren Werten und Tugenden treu. Ebenfalls hat das Land Kultur wie kein anderes Land auf dieser Welt. Es fängt schon bei der Esskultur an. Die Auswahl der Lebensmittel in den Supermärkten, die Brotkultur mit ihren vielen Brotvarianten, die Bierauswahl, die Feste, die Musikfestivals und Konzerte, Opern, Musicals, Sportauswahl, Freizeitparks und vieles mehr. Wir leben in einem sehr großen Wohlstand in Deutschland mit einer hohen Freiheit und Auswahl und Vielfalt.

Der Deutsche muss immer alles planen. Termine, Besuche, Kinder bekommen, Urlaub etc. Am besten sein ganzes Leben. Bis er feststellen muss, dass man im Leben nicht alles planen kann und zumindest nur bis zu einem bestimmten Punkt. Der Rest muss im Vertrauen gelebt werden! Die Bürokratie ist in der deutschen Wirtschaft und Kultur sehr stark verankert. Dazu kann man zwei Meinungen haben: 1. ich sehe das positiv und dies schafft zusätzlich Arbeitsplätze oder 2. ich habe die Einstellung, wir müssen die Bürokratie abbauen und das Ganze vereinfachen. Meiner Meinung nach ist die ganze Bürokratie oft dadurch entstanden, dass Unsicherheit und Misstrauen herrscht und kein Vertrauen zwischen den jeweiligen Parteien herrscht. Deshalb braucht man hier noch einen Vertrag und da einen Vertrag. Immer noch eine Absicherung mehr. Würde man sich hier mehr vertrauen, dann würde vieles per Handschlag gemacht oder über das gesprochene Wort abgewickelt werden. Es würde vieles leichter und schneller von statten gehen und dadurch wäre jeder effektiver. Die Deutschen lernen mit 80 Jahren noch dazu. So bleiben Sie jung im Kopf und im Leben. Sie sind oft in Bewegung, machen viel Sport. Teamsport. Oder Einzelsport. Ob Fußball, Handball, Wandern, Joggen, Fahrrad fahren Sie sind immer in Bewegung. Zum Schluss gibt es auch Rollatoren, mit denen Sie sich bewegen :-) Sie lieben Ihre Arbeit und ihr Leben.

Was lernt der Migrant daraus. Bleibe immer in Bewegung und mache Sport. Dann bist du kreativer, dann bist du klarer und dann auch produktiver und leistungsfähiger. Diese Erfahrung habe ich gemacht. Tue dies mit Freude und Spaß. Es muss dir einfach fallen. Sich zu quälen führt nicht zum Ziel.

Die meisten Deutschen schauen auf die Details, ob es bei dem Hausbau oder beim eigenen Auto ist. Vieles muss perfekt sein. Der Garten darf nicht ungepflegt aussehen. Das Auto darf keine Kratzer haben und wenn es einen

Makel hat, dann muss dies sofort repariert werden. Für viele geht die Welt unter, wenn die oben genannten Punkte nicht auftreten und vor allem: Was könnten die Nachbarn denken? :-)

Im Orient sieht man das Gegenteil. Häuser sind nicht perfekt gebaut. Es gibt überall Makel - Ein Auto, das nicht einen Kratzer hat ist so selten zu finden, wie die Nadel im Heuhaufen. Dort ist dies besonders und die Schönheit und das Perfekte liegen im Unperfekten. Im Orient leben die Menschen mehr im Hier und Jetzt. Wenn sie feiern dann feiern sie, wenn sie tanzen, dann tanzen sie. Wenn sie arbeiten, dann arbeiten sie. Wenn sie essen, dann essen sie. Der Deutsche dagegen ist oft in der Zukunft und forscht und entwickelt. Er beschäftigt sich mit Dingen, die erst in Jahren in Jahrzehnten passieren könnten. Sichert sich ab. Macht sich sorgen um die Zukunft. Die Zukunftsforschung beruht oft auf Angst und strebt nach Sicherheit und oft kommt es anders wie vorausgesagt. Gerade die Coronakrise hat gezeigt, wie plötzlich sich vieles verändern kann und nicht planbar ist. Ich habe das Gefühl, das bei dem ganzen materiellen Besitz und Reichtum im Außen der Mensch sein Gewissen immer mehr verliert und dann oft nicht genug bekommt und immer mehr will und anstrebt. Die Gier übernimmt die Kontrolle und die ist nie ein guter Ratgeber. Er hat noch mehr Angst, das Ganze zu verlieren, immer mehr Sorgen. Wie ein Hamsterrad, von dem es kein Entrinnen gibt.

Während ich dieses Buch schreibe, überfällt eine große Krise die ganze Welt und somit auch Deutschland. Das Coronavirus. Die Menschen sind in Sorge um ihre Gesundheit, um ihr Vermögen und Status. Es droht eine große wirtschaftliche Rezession und die Konjunktur wird einbrechen. Es droht Kurzarbeit und Firmeninsolvenzen. Die Angst und Unsicherheit gehen um. Meiner Meinung nach besinnt man sich bei solchen Krisen auf das Wesentliche im Leben. Hier wird wieder Luft geholt und die Leute müssen entschleunigen. Es muss alles wieder ins Gleichgewicht kommen. Hier verhält sich der Deutsche vorbildlich. Alle ziehen an einem Strang. Die Regierungsanweisungen wurden befolgt, penibel umgesetzt und dadurch wird die Krise besser bewältigt als in anderen Staaten. Länder wie Amerika und Großbritannien taten sich hier schwerer. Die hohe Disziplin und

Eigenverantwortung hat sich hier stark gezeigt. Und auch die Rücksicht und Eigenverantwortung sich und seinen Mitmenschen gegenüber war stark zu sehen. In dieser Krise war auch die Spiritualität gefragt.

Was bedeutet Spiritualität?

Wir sind von Natur aus spirituelle Wesen. Wenn wir keinen Zugang zu unserer Spiritualität haben, leiden wir. Sicherlich gibt es auch Menschen, die ohne jeglichen Zugang zur Spiritualität ein glückliches Leben führen. Vielleicht sind sie aber ziemlich spirituell und wissen nur nichts davon. Spiritualität bedeutet nämlich nicht, jeden Tag zu meditieren, Yoga zu praktizieren oder in einem Kloster zu leben. Im Gegenteil. Es gibt so viele Menschen und Lehrer, die sich spirituell nennen, aber in einer Lüge leben und dies so ihren Mitmenschen verkaufen. Ich möchte auch soweit gehen und sagen, dass diese die Spiritualität nutzen um andere bewusst zu manipulieren. Spirituell bedeutet vor allem die Fähigkeit, im Moment zu leben, sich nicht so sehr mit Illusionen zu identifizieren, sich mehr auf das Innere statt das Äußere zu konzentrieren und dadurch anschließend das Äußere zu erschaffen. Manche Menschen haben einen natürlichen Zugang dazu. Es bedeutet, keine Masken zu tragen und ehrlich und authentisch den Menschen zu begegnen. Durch die Integration von Spiritualität in unser Leben können wir das lernen und ein erfülltes Leben führen. Für mich bedeutet Spiritualität an etwas Höheres, Größeres zu glauben, das uns alle verbindet und in Harmonie/ Gleichgewicht bringt. Es gut mit uns meint und uns wohlgesonnen ist. Es bedeutet für mich, dass es Frieden bringt im Innen aber auch im Außen. Es betrachtet das Gesamte und nicht nur das Einzelne. Es verbindet uns auf einer geistigen Ebene und lässt uns vertrauen. Und dass alle Menschen, jeder einzelne so erschaffen wurde wie er ist und wertvoll und richtig ist, wie er ist. Es nützt nichts diese Person ändern zu wollen. Denn sie wurde so geschaffen. Vertrauen in Form von Gelassenheit und Frieden. Vertrauen ins Leben und in seinen Mitmenschen.

Arbeiten im Orient:

Im Orient ist es so: Man steht auf. Trinkt gemeinsam ein Kaffee mit Baklava und raucht eine Zigarette und man unterhält sich über Gott und die Welt. Dann kommt anschließend das richtige Frühstück. Es wird gemeinsam gefrühstückt und anschließend geht es zur Arbeit. Man arbeitet 5 bis 6 Stunden, kommt dann zum Mittagessen nach Hause legt sich hin und macht sein Mittagsschläfchen oder auch Powernapping genannt. Nach dem Powernapping steht man auf, trinkt gemeinsam seinen Kaffee und geht dann wieder zur Arbeit für 5 bis 6 Stunden und geht dann wieder nach Hause. Isst gemeinsam zu Abend und unterhält sich über Gott und die Welt. Es ist so, als hätte ein Tag zwei Tage, da zweimal derselbe Tagesablauf stattfindet und es dreht sich viel um Essen und trinken. Der Deutsche ist hier einfach produktiver und nutzt den Tag voll aus. Er arbeitet mehr und vor allem effektiver. Es geht, wie schon erwähnt, alles schneller. So als hätte er in sich einen inneren Antreiber, der ihn zu immer mehr pusht. Mehr an Arbeit, mehr an Geld, mehr an Freude, mehr Erfolg... Vor lauter Rennen und Pushen vergisst man zu leben und das zu genießen, was man eigentlich schon erreicht hat. Das schöne Haus, in dem man lebt, den Kaffee, der frisch gebrüht aus dem Automaten kommt oder ein Buch, das einfach einen in eine andere Welt eintauchen lässt. Man vergisst die kleinen Dinge im Leben und wertschätzt diese nicht mehr. Und eigentlich kommt es nur auf diese an. Beim Schreiben dieses Buches sitze ich im Kaffee Zauberflöte in Offenburg und esse einen leckeren Bagel mit Avocado und Rucola und Tomaten und genieße dies mit einem leckeren Latte Macchiatto. Hier ist der Mittelweg entscheidend. Der Antreiber ist wichtig, aber genauso wichtig ist das Entschleunigen und zur Entspannung kommen und genießen.

Typisch für den Orient:

Die orientalische Lebensart ist bunt und vielfältig. Die Lebensfreude und Sinnlichkeit der Menschen ist stark ausgeprägt. Die Gastfreundschaft ist groß geschrieben in den Ländern und die großzügige Bewirtung von Besuchern ist dort selbstverständlich. Es wird viel miteinander gegessen, getrunken und gefeiert. Der Familienzusammenhalt spielt dort eine große Rolle. Auch die Sanftmut ist hier stark ausgeprägt. Aber nicht zu vergessen das Temperament. Bei dem es auch laut und emotional zugehen kann. Oft ist es aber privater Natur und es ist eine Art, sich auszudrücken und Gehör zu verschaffen und sehr oft ist es nicht persönlich gemeint und soll nicht das Gegenüber verletzen. Der Orient (von sol oriens, „aufgehende Sonne"), später auch Morgenland genannt, ist ursprünglich eine der vier römischen Weltgegenden. An der römischen Achse zwischen Norden (Mitternacht) und Süden (Mittag) liegt der Orient, die Weltgegend im Osten, gegenüber dem Okzident (Abendland, von sol occidens, „untergehende Sonne") mit den im Westen liegenden Gebieten. Orient hat neben dem geografisch-politischen auch einen religiös-kulturellen Aspekt. Der als Orient bezeichnete Raum umfasst heute alle islamischen Länder, deshalb wurden „Orient und Islam [...] oft zusammengedacht".[4]

Stärken des Orients:

Vertrauen in das Leben, Temperament/Leidenschaft, Herz, Strategisches Denken, Familie und Zusammenhalt, Vater und Mutter lieben und ehren und dankbar sein für die kleinen Dinge. Die einfache Arbeit erledigen und ausführen. Ein weiterer Punkt ist das die Migranten oft einen großen Hunger mitbringen. Hunger nach Erfolg, Hunger danach, etwas bewegen wollen, Hunger Etwas aufzubauen. Selbstverständlich gibt es auch im Orient andere Stärken und auch Menschen die sehr stark im Organisieren sind und Fähigkeiten aus dem Westen besitzen..

Kapitel 3
AN DIE POLITIK GERICHTET

Wie kann eine gute Integration gelingen?
Wichtig ist, dass nicht alle Migranten, die aus einem Land kommen und die gleiche Sprache sprechen, zusammen Leben. Da sich nämlich Gleich und Gleich anzieht, werden sich die gleichen Leute immer unter Gleichgesinnte begeben. Und eine gute Integration kann nur stattfinden, wenn sich die beiden verschiedenen Kulturen vermischen. Wie kann das gelingen? Teamsport betreiben – wie Fußball, Handball, Leichtathletik, aber auch Pfadfinder und viele andere Gruppen und Gemeinschaften. In Deutschland gibt es hundert solcher Vereine und Gemeinschaften... (das ist ein ganz großer Vorteil im Gegensatz zu anderen europäischen Ländern und erst recht im Orient). Hier lernt man schnell die Sprache und hat Spaß bei dem, was man tut. Man findet Freunde und die Integration gelingt spielerisch. Deshalb sind hier für mich die Teamsportvereine für die Gesellschaft generell für die Integration wichtig, aber auch, um den jungen Menschen viele gute Werte mitzugeben. Darüber habe ich ein eigenes Buch geschrieben. "Sport bringt mich weiter! Parallelen zwischen Sport und Beruf".

Wie war es bei mir?

Es gab einige aramäische Gemeinden in Deutschland, als wir nach Deutschland eingereist sind. Ich hatte das Glück in einer anderen Region zu landen. Das Ziel meiner Eltern als sie aus Syrien geflüchtet sind, war nicht Deutschland, sondern Schweden als neue Heimat. Der liebe Gott entschied durch meine Eltern, dass wir den Weg von Karlsruhe über Konstanz in das schöne Renchtal machten. Konkret in Oberkirch im schönen Badnerländle.
Die Flucht zog sich von Syrien über Griechenland nach Ungarn, Österreich und dann Deutschland. Ich war bei der Flucht sieben Jahre alt und für mich war es damals verwirrend und unverständlich, was da passierte, aber ich hatte das

Vertrauen zu meinen Eltern, wie alle in dem Alter. Ich wusste, dass sie das Beste für sich und für ihre Kinder wollten. Die Flucht von Österreich nach Deutschland wird mir immer in Erinnerung bleiben. Wir waren ca. 20 Personen. Ein Schleuser führte uns Nachts im Dunkeln über Wald und Wiese zu Fuß von Österreich nach Deutschland. Es war für mich eine eisige Kälte. Einerseits vom Wetter her und andererseits von der Situation. Ich spürte, das ist hier alles nicht so normal und ich kann mich an die Worte des Schleusers erinnern, der uns geführt hat. „Bückt euch! Pscht! Weiterlaufen! Ruhig sein!" Wir liefen über einen Fluss und ich wurde da von meinem Vater auf den Armen getragen. Meine Füße waren eingefroren von der Kälte. Ich fing als Einziger an zu weinen. Meine Geschwister schliefen in den Armen meiner Eltern ein. Ich dachte mir, wie können die schlafen bei dieser Kälte. Ich habe auch jetzt noch das Bild vor Augen, wie ein Mitflüchtling mir sein Zigarettenrauch auf meine eingefrorenen Füße blies, in der Hoffnung, das der Rauch mich wärmte und ich aufhörte zu weinen. Endlich kamen wir dann in Deutschland an und Taxis erwarteten uns und führen uns zu unseren Verwandten. Der Augenblick, als ich in das warme beheizte Taxi einstieg war für mich wie die rettende Festung. Erstens, weil es dort warm war und zweitens war es ein Raum, der mir geschützt vorkam vor der Grenzpolizei. Eine große Erleichterung machte sich breit und endlich konnte ich meine Augen schließen und friedlich einschlafen, wie es meine Geschwister bereits vor mir taten.

Im Ortenaukreis Renchtal mussten wir unter deutschsprachigen Menschen aufwachsen und die Integration gelang leichter und einfacher. Ich sprach sehr schnell die deutsche Sprache und fand Anschluss an der deutschen Kultur. Ich hatte auch viel Spaß am Fußball spielen und ging gleich in ein Verein. Somit nahm ich unbewusst vieles von meinen deutschen und europäischen Mannschaftskollegen an. Natürlich ist hier das Entscheidende, dass die Migranten lernen wollen. Der Wille ist hier immens wichtig.

Disziplin wird benötigt, um die Sprache zu lernen und die neuen Werte mitzubekommen. Sind sie nur unter Gleichsprachigen und mit Menschen derselben Kultur, können sie die Werte des Landes nicht mitbekommen bzw.

integrieren. Im Teamsport werden gemeinsame Ziele angestrebt und Erfolge gefeiert. Der eine kämpft für den Anderen. Man erlebt das Zugehörigkeitsgefühl und ist damit Teil einer Gemeinschaft. Des Weiteren können die Migranten Führung übernehmen. Ob im Spiel als Kapitän oder Verantwortung außerhalb des Platzes. Es hilft, die deutschen Tugenden und die Kultur spielerisch und oft unbewusst zu erlernen.

Was spielt für die Integration eine große Rolle?

Gegenseitiger Respekt, Freundlichkeit, Empathie, Verständnis und sehr wichtig ein urteilsfreier Umgang. Und trotzdem zu sich selbst zu stehen und seine eigene Meinung zu äußern. Auf Augenhöhe kommunizieren und nicht von oben herab. Sich nicht über den Migranten stellen. Aber genauso wichtig ist es, nicht ehrfurchtsvoll vor einer Person zu sein. Egal wer vor dir steht, ob es der Bundeskanzler ist, ein TOP-Manager oder die Putzfrau. Alle sind Menschen wie du und haben das Recht, gleich behandelt zu werden.
Wenn du mit einer Putzfrau ungeduldig bist und diese anfährst, dann solltest du es auch mit dem Bundeskanzler so machen oder mit deinem Vorgesetzten. Das meine ich mit Gleichbehandlung.
Bildung ist für mich auch ein entscheidender Faktor für die Integration. Ich habe die Erfahrung gemacht, umso mehr Bildung und Aufklärung im Land herrscht, desto weniger Rassismus und Fremdenhass herrscht dort vor. Hier ist die schulische Bildung wichtig, aber auch das permanente und selbstständiges Weiterbilden. Ob im Abendstudium oder auf vielen Seminaren. In Deutschland und Europa stehen einem hier sehr viele Möglichkeiten offen. Entscheidend ist wieder der Wille. Man muss den Willen mitbringen. Den Willen, die Sprache lernen zu wollen, die Kultur, die Geschichte des Landes. Sich bewusst zu machen in was für einer Zeit man lebt und was hier zählt. Die Mentalität lernen wollen und ganz wichtig auch den Humor. Was ist dem Land und den Menschen, die dort leben, wichtig. Hier ist Zuhören und Beobachten gefragt. Dann gelingt Integration. Als sehr wichtig erachte ich ebenfalls immer wieder, den Menschen zu vergeben und eine

zweite Chance zu geben. Diesen immer wieder im offenen Dialog zu begegnen und sich auszutauschen und sich nicht zu verschließen und abzuschotten. Oft passieren diese Gründe aus einem bestimmten Grund und diese Gründe sind selbst verursacht.

KAPITEL 4
AN DIE MIGRANTEN GERICHTET

Das Wichtigste für die Integration ist die Sprache und der Wille, sich zu integrieren. Sich bewusst für das Land zu entscheiden und diesem zu dienen, ein Teil davon sein zu wollen. Meiner Meinung nach sollte man sich für dieses Land entscheiden, in dem man sich zu Hause fühlt. Bei mir ist es ganz klar Deutschland, konkret Baden. Mein Geburtsland Syrien ist meine zweite Heimat. Wenn man sich nicht entscheidet, wird man meines Erachtens nie ankommen und immer andere Länder aufsuchen, um sich besser zu fühlen. Wir leben hier in Fülle und so viele Menschen müssen dann in diesen sechs Wochen Urlaub, die sie im Jahr haben, in ein fremdes Land reisen, um sich dann von der Heimat zu erholen. Statt um sich herum die Schönheit zu erkennen und sich im Hier und Jetzt daheim und gut zu fühlen. Ich selbst hatte mir nach 20 Jahren als Angestellter in einem Großkonzern ein neunmonatiges Sabbatical gegönnt und bin durch Italien, Spanien und Frankreich gereist. Ich war auch offen dafür, im Ausland zu bleiben und nicht mehr nach Deutschland zurückzukehren, dort meinen neuen Lebensmittelpunkt zu errichten. Ich entschied mich anschließend bewusst für Deutschland. Deshalb lerne die Sprache des Landes und verstehe, was gesprochen wird. Wenn du in Syrien lebst, lerne die arabische Sprache und verstehe die Kultur. Wenn du in Amerika lebst, lerne Englisch und die Kultur. Wenn du in Deutschland lebst, lerne die deutsche Sprache und die Kultur.

Sei als Migrant wissbegierig und freundlich. Sei bereit, dich zu informieren und das Land zu lieben, in dem du lebst, mit Land und Leuten. Sieh die Landschaft, sieh die Natur, sieh die Fülle, sieh den Frieden und sieh deine liebevollen Mitmenschen. Sieh das Sozialsystem. Vergiss aber nicht, woher du kommst und wer du wirklich bist. Wisse, wer dein Vater und deine Mutter waren bzw, sind. Wisse und erinnere dich, was sie dir beigebracht haben. Dann wirst du deinen Weg gehen ohne Zweifel, und dafür mit Freude, Liebe, Entschlossenheit und Positivität. Schau genau hin. Was ist die Stärke des Landes, in dem du lebst und picke dir die Eigenschaften heraus, die für dich passen und lebe diese. Nach dem Motto „take the best and leave the rest".

Des Weiteren ist es wichtig, sich immer Kritik/Anregungen und Feedback einzuholen. Die Lehrer und Arbeitgeber meinen es nur gut mit dir und wollen dir helfen, besser zu werden. Oft sind die, die dir die Wahrheit sagen, die, die es gut mit dir meinen. Die Wahrheit tut oft weh, ist aber der einzige aufrichtige Weg. Und diese auszusprechen und einem mitzuteilen, das trauen sich nur ganz wenige Menschen. Da hier sehr viel Mut dazu gehört. Viele sprechen mit anderen über andere und trauen sich nicht einem die Wahrheit zu sagen. Ein Beispiel hierfür aus meinem Leben: Als wir 1990 in Oberkirch ankamen, kam ich direkt in die zweite Klasse. Anschließend auf die Hauptschule bis zur siebten Klasse. Auf der Hauptschule bewies ich sehr gute Leistungen und ich schrieb nur Einser und Zweier in den Fächern. Dadurch kam eine Lehrerin auf mich zu, für die ich heute noch dankbar bin (Frau Reuter, falls Sie das jemals zu lesen bekommen: vielen Dank für Ihr Handeln und Ihre Ehrlichkeit) und sagte zu mir: „Moris du bist hier unterfordert, du musst auf eine weiterführende Schule." Ich selbst wollte nicht, da ich mich wohl fühlte und dort Freunde gefunden habe, aber ich wollte nicht die Veränderung. Natürlich merkte ich, dass es der einzige richtige Weg war. Und ich wechselte auf ein sechsjähriges Wirtschaftsgymnasium. Hätte Sie mir hier nicht ihre Meinung und die Wahrheit gesagt und den Mut aufgebracht, mich zu überzeugen, wäre ich wahrscheinlich nie auf ein Wirtschaftsgymnasium gegangen und hätte nicht den Berufsweg eingeschlagen, den ich jetzt ausübe. Wichtig ist, dass du dich als Migrant nicht angegriffen fühlst, wenn ein Chef mal etwas lauter wird. Die Chefs wollen dich integrieren und sind bemüht, dass deine Arbeit richtig gemacht wird. Nur durch gute Arbeit, Leistung und

Qualität wirst du eine angemessene Arbeit abgeben. Ein Schuss Humor und über sich selbst lachen zu können ist hier immens wichtig. Die Lehrer, Trainer, Vorgesetzten wollen dich besser machen und deine Leistung steigern/ verbessern. Du solltest offen und lernbereit bleiben. Dankbarkeit ist hier ebenfalls entscheidend. Dankbar sein für die Geduld, die die Lehrer mit uns haben, Chefs, Trainer, Kollegen... Wichtig ist hier auch, keine Angst vor der Veränderung zu haben und vom Alten loslassen zu können. Von der alten Sprache, von der alten Kultur und vor allem von alten Gewohnheiten. Du solltest immer offen sein und bereit sein jeden Tag dazu zu lernen. Gilt natürlich auch für den Deutschen. Ein lebenlanges Lernen. Du musst bereit sein, ins Unbequeme zu gehen. Raus aus der Komfortzone. Du musst bereit sein, ins Training zu gehen, zur Arbeit, zum Sport. Nur so lernst du die Sprache und kannst dich integrieren. Wenn Angst und andere negative Gefühle Herr über dich werden, werden sie dich lähmen und dies solltest du nicht zulassen. Genauso darf auch der innere Schweinehund nicht an Übermacht gewinnen. Du musst immer wieder aufstehen und bereit sein, in die Welt, in das Leben, in das fremde Land hinaus zu gehen. Nur so beginnt und ist die Integration möglich. Gehe unter Menschen. Höre auf deine Intuition, aber Gefühle sind nicht alles. Du musst auch deinen Verstand verwenden. Die Kombination von beidem macht den Unterschied. Ebenfalls ist hier der Körper und der Geist entscheidend. Das Herz, die Liebe, ist meiner Meinung nach der Schlüssel und die stärkste Kraft für die Integration und ein erfülltes Leben in einem fremden Land.

KAPITEL 5
MITEINANDER

Was hat der Mensch gemeinsam unabhängig von der Kultur und Religion? Was ist wichtig für Gemeinsamkeiten und somit gut für die Integration? Gemeinsames Essen, Freundlichkeit, Arbeit, Dach über den Kopf, Partnerschaft, Familie, Respekt, Liebe, gemeinsame Sportart, ein gemeinsames Ziel vor Augen. Empathie. Besonnen- und Nüchternheit. Nicht urteilen. Neutral den Menschen begegnen. Des Weiteren will jeder Mensch wachsen. Dazu lernen, wie es ein Kind jeden Tag tut und das ein Leben lang. Wenn man keine Gemeinsamkeiten hat, entstehen Neid, Hass, und Krieg. Intoleranz, an Altem festhalten, sich nicht entwickeln wollen, nicht offen sein und nichts Neues zulassen. Wie etwa fanatischer Glaube (Religion).
Dogmatisch zu denken und zu handeln führt auch nicht in die richtige Richtung. Zum Glaube: Dieser kann von jedem selbst gewählt werden bzw. man wird in einen Glauben hineingeboren. Ich denke, es bringt nichts, seinen Glauben zu wechseln, da man Werte mitbekommen hat vom Kindesalter und diese herauszubekommen ist fast unmöglich. Deshalb sollte man bei seinem Glauben bleiben. Und wie wichtig das Ganze auch in Deutschland ist, zeigt das Grundgesetz. Es schützt nämlich die Würde des Menschen. Somit sein Inneres und damit seinen Glauben. Durch den Job und Teamsport erlernt man die Sprache, da man immer in Kommunikation mit Kollegen bzw. Mannschaftskameraden ist. Hier wird man gezwungen sich mit der neuen Mentalität und der Sprache zu befassen. In der Arbeit ist es wichtig, dass sich jemand verantwortlich fühlt für die Migranten und als vertrauensvoller Ansprechpartner zur Verfügung steht. Am Anfang muss er Geduld, Mitgefühl und Verständnis mitbringen und als Pate dienen. Die Arbeit erklären. Er sollte aufpassen, dass der Migrant nicht gemobbt wird bei der Arbeit und diesen schützen. Dann sollte er herausfinden, was ihm Spaß macht und was seine Stärken sind und ihn dann in der richtigen Stelle einsetzen. So hat er soweit es geht bei der Arbeit Freude und hat einen Sinn, kann Geld verdienen und die Integration wird gelingen. Und schließlich eine Familie

gründen und dem Land dienen und zur Gemeinschaft beitragen. Wenn aber jemand mich schlecht behandelt, muss ich es nicht akzeptieren und hinnehmen. Hier darf er sich auch wehren. Hier ist ein wichtiges Gesetz: das was du gibst, wird dir gegeben und das was du ausstrahlst, bekommst du zurück. Handle mit Respekt, es wird dir Respekt zufließen. Handle freundlich, dann wirst du freundlich behandelt. Bist du friedvoll, wirst du friedvoll behandelt. Gelassenheit und Frieden ist hier sehr entscheidend. Die Angst lässt einen meiner Meinung nach in sich verkriechen und in sich einkehren. Sie lässt die Integration nicht zu und zerstört mehr, wie das sie aufbaut. Die Angst ist hier kein guter Berater. Wie war es bei mir? Ich habe einfach immer vieles mit Spaß und Freude verbunden und die Integration gelang spielerisch. Ich habe gerne Fußball gespielt und habe mit Hilfe meiner Mannschaftskameraden die Sprache schnell gelernt. In der Schule war es nicht so. Hier hatte ich nicht viel Spaß, aber ich wusste, dass es wichtig ist und meine Eltern, vor allem meine Mutter, haben darauf aufgepasst, dass ich zur Schule ging und fleißig war und dadurch auch erfolgreich. Zu Beginn meiner Lehre mit 17 Jahren, als Kaufmann im Groß- und Außenhandel, war meine erste Abteilung der Wareneingang in einem Großkonzern. Hier kamen LKWs mit Waren aus aller Welt an. Ich staunte so sehr über die fremdsprechenden LKW- Fahrer und sah und fühlte die Größe des Konzerns und mir wurde zum ersten Mal bewusst, wo ich hier gelandet war. Ich staunte und es durchströmte mich eine Freude, dass ich diesen Moment nicht vergessen werde. Ab dem ersten Tag genoss ich meine Ausbildung und habe mich natürlich angestrengt, meine Arbeit gut zu machen. Zumal es auch Geld dafür gab. Ich war dankbar in diesem Konzern tätig zu sein. Die Anstrengung wurde dadurch honoriert, dass ich der erste Auszubildende war, der von drei Jahren Lehre auf zweieinhalb Jahre verkürzen durfte. Ich hatte so eine Freude, dass meine Vorgesetzten und Kollegen das gemerkt hatten. Speziell meine Ausbildungsleiter. Ich empfand so viel Freude am Erfolg, egal ob im Sport oder im Beruf, dass ich immer mehr davon wollte. Deshalb sollte die Politik hier weiterhin die Sportvereine weiter fördern und unterstützen. Sie tragen zu einer intakten Integration bei und natürlich zu vielem mehr. Im Sport lebte ich es noch emotionaler und wurde schließlich Meister mit meiner Fußballmannschaft. Bei meiner Tätigkeit im Großkonzern wurde ich zur besten Nachwuchskraft gewählt. Ich liebte, was ich tat und war schließlich auch erfolgreich in allen Bereichen in meinem Leben. So gelingt meiner Meinung nach Integration. Ich zeigte den Mitarbeitern im Konzern, dass auch ein Migrant einer von ihnen sein konnte. Die Freude an der Arbeit schwappte zu den Mitarbeitern rüber und sie haben gespürt, wie leicht Arbeit sein kann. Wichtig hierbei ist natürlich, die Migranten nicht von oben herab zu behandeln, sondern mit Respekt und Verständnis. Nach dem Motto, so wie du behandelt werden möchtest, so solltest du handeln. Gilt eigentlich für alle Menschen. Behandelt die Migranten so, dass sie helfen, das ganze System zusammenzuhalten. Behandelt sie wie eure eigenen Kinder. Seid geduldig mit Ihnen. Liebt sie. Weist sie aber zurecht, wenn Sie eurer Meinung nach etwas falsch machen. Was ist falsch? Wenn es dem Gesamtziel schadet und nicht dazu beiträgt. Seht die Chancen und die Stärken dieser Menschen und setzt sie dort ein, wo sie eurer Meinung nach hingehören. Und sie werden wachsen und aufblühen, wie ihr es euch nicht vorstellen könnt. Sie werden über sich hinauswachsen. Glaubt an sie. Schenkt ihnen euer Vertrauen und sie werden es auch 1000fach zurückzahlen. Ein Geschäftsführer, mit dem ich zusammenarbeiten durfte, machte dies perfekt. Er sah das Potenzial in mir. Er glaubte an mich. Ob ich dies verwirklichen kann, was er in mir sieht, weiß ich nicht, aber dies spielt auch keine Rolle. Allein der Glaube versetzt hier Berge. Du bleibst ihm treu und kämpfst an seiner Seite. Weil er an dich glaubt und Großes in dir sieht. Das ist einer der schönsten Gefühle und die größte Anerkennung und mit Geld nicht zu bezahlen.

Wenn ich schon über das Thema Migration schreibe, sollte und muss ich auch über das Thema Rassismus ein paar Worte verlieren. Gerade in Deutschland, in dem sehr viele Menschen mit Migrationshintergrund aus aller Welt leben, ist es ein wichtiges Thema. Deshalb fange ich mit dem Ursprung der Menschheit an.

Für diejenigen, die meinen, sie wären reine Deutsche sollten mal Ihre Eltern fragen woher diese stammen bzw. woher ihre Großeltern sind. Woher ihr

Ursprung ist. Dann werden Sie feststellen, dass die meisten einen Migrationshintergrund haben. Fragt man Google, woher die ersten Menschen stammen, ist die Antwort: aus Afrika.

Hier ein Auszug von Wikipedia.

„Die Ausbreitung des Menschen (des Homo sapiens) über die Erde begann den heute vorliegenden wissenschaftlichen Befunden zufolge in Afrika.
Archäologische Befunde und die Verbreitung von Haplogruppen zeigen: Zuerst wanderten die Menschen in den Nahen Osten, dann nach Südasien und vermutlich vor etwa 50.000 bis 60.000 Jahren nach Australien. Dabei folgten sie, wie schon in Afrika, dem Verlauf der Küsten.
[1] Erst später wurden Zentral- und Ostasien, beide Teile Amerikas und Europa besiedelt. Bis vor wenigen tausend Jahren teilten die modernen Menschen dabei ihren Lebensraum mit weiteren Arten aus der Gattung Homo, in Europa etwa mit den Neandertalern."
Die meisten Menschen kommen nicht auf die Idee, soweit zu denken. Also immer cool bleiben. Wir haben alle einen Ausländer in uns. Ob einen Polen, Franzosen, Holländer, Engländer, Saarländer oder Schwaben :-)
Die äußeren Faktoren wie soziale Stellung, Einfluss, Popularität, Wohlstand und Bildungsgrad sind in Deutschland sehr hoch. Natürlich sind dies wichtige Punkte, wenn es um den materiellen wirtschaftlichen Aspekt geht. In anderen Ländern, speziell dem Orient, sind die Aspekte nicht so wichtig, wie in der westlichen Welt. Dort geht vieles über die einfachen Dinge wie Freundlichkeit, Einfachheit, keine Eitelkeit, die Bereitschaft, anderen zu dienen. Familienzugehörigkeit, miteinander einen Kaffee trinken, miteinander als Familie essen, über Gott und die Welt sprechen, miteinander Ausflüge machen, sind dort stärker ausgeprägt. Einfach einfacher zu leben.

SCHLUSSWORTE

Es ist wunderschön, wenn sich die Kulturen vermischen und dadurch viele Vorteile entstehen. In allem ist doch der Mittelweg entscheidend. Die Extreme in einer Sache und einer Richtung sind nie gesund für den Menschen und erst recht nicht für die Kultur und das Land selbst. Die verschiedenen Kulturen mit ihrer Vielfalt. Wenn sich alles vermischt und eins wird. Lebensfreude, Familienzugehörigkeit, Schönheit, Einfachheit, Liebe. Aber auch die Disziplin, die Wirtschaftskraft, Besonnenheit und Nüchternheit. Behandle den Menschen mit Respekt und begegne ihm auf Augenhöhe. Hast du Probleme damit, dann stelle dir vor, dass es deine eigenen Kinder wären und dann fällt es etwas leichter. Wie würdest du mit denen umgehen? Auch wenn sie alt sind und nicht mitkommen. Gib Ihnen die Zeit, die sie brauchen. Habe Geduld. Irgendwann wird ihnen bewusst, wer sie wie behandelt hat. Freundlichkeit, Respekt, Wertschätzung, Dankbarkeit, Ernst nehmen, Hilfsbereit, nicht urteilen offen sein, vertrauen. Diese Werte vergehen nie und sind meiner Meinung nach zeitlos. Viele Migranten haben in ihrem Heimatland oder auf der Flucht nach Europa ein Trauma erlebt. Man muss sie verstehen und wissen, dass sie einen Grund haben, warum sie so reagieren wie sie reagieren.

Wenn man von jeder Kultur das Beste für sich herausnimmt und nicht auf die eine Kultur beharrt, dann kann ein Land prosperieren und wachsen. Humor und Spaß sind immer entscheidend für eine einfache Integration. Das gemeinsame Lachen ist hiermit gemeint, ob bei der Arbeit oder im privaten Bereich.
Für die Migranten gilt: Geht unter die Deutschen. Ihr seid ein Teil dieses wunderbaren Landes. Ihr habt dieselben Rechte und Pflichten. Urteilt und jammert nicht, sondern liebt die Kultur, das Land und die Menschen und seid bereit zu lernen. Für die Deutschen gilt: Urteilt nicht. Habt keine Angst vor den Fremden. Seid offen und versteht die Menschen. Begegnet ihnen urteilsfrei und seid hilfsbereit. Bringt Geduld und Empathie mit. So werden

die Migranten spüren, er meint es gut und sie bekommen vertrauen und fangen an, sich zu öffnen und zu integrieren.

Für den Migranten und den Einheimischen gilt, bei der Begegnung die Masken fallen zu lassen und nicht vor dem anderen in eine Rolle zu schlüpfen, sondern mit dem wahren Selbst authentisch einander zu begegnen. Es wird so für alle ein schönes Miteinander und Integration gelingt einfach.

DANKESWORTE

Ich freue mich hier nun meinen Dank aussprechen zu können. Erstmal ein Dank an alle, die das Buch bis hierhin gelesen haben. ☺

Ich bedanke mich bei Thomas Augspurger, der mich mitunter inspiriert hat dieses Buch zu schreiben. Ein Danke an meinen Eltern, die mich in dieser wunderbaren Zeit zur Welt gebracht haben. Danken möchte ich auch meinen Geschwistern und meinen Freunden. Einen großen Dank auch an meinen Vater, der mich getragen hat und an Jesus Christus, der der in mir lebt.

„Jeder wünscht mir was er will, ich wünsche ihm grad nochmal
so viel" ☺

Moris Hanna wurde am 23.11.1982 als ältester Sohn von aramäischen Eltern in Syrien geboren. Seine Eltern leben in bescheidenen Verhältnissen. Als Moris sieben Jahre alt war, sind seine Eltern mit der ganzen Familie nach Deutschland geflohen. Hier ging er auf die Schule, studierte nebenberuflich BWL, gewann den Preis als beste Nachwuchskraft in einem Großkonzern und ist nun selbständiger Unternehmensberater.

Wo habe ich das Buch geschrieben:

In meiner Wohnung in Durbach
Cafe Müller in Durbach
Hotel Luise Parkhotel Bad Herrenalb
Cafe Haus Zauberflöte Offenburg
In Montpellier Le Cres Südfrankreich

ZITATE:

zitiert von https://www.focus.de/auto/opel-karl/typisch-deutsch-10-eigenschaften-auf-die-wir-wirklich-stolz-sein-koennen_id_4827582.html

https://www.zeit.de/wissen/2015-08/deutschland-studie-wie-wir-deutschen-ticken-christoph-droesser